LE

De l'aube au crépuscule

Rabindranath Tagore

De l'aube au crépuscule

Textes choisis par Herbert F. Vetter

Préface d'Albert Schweitzer

Traduit de l'anglais
par Laurence E. Fritsch

La Table Ronde
7, rue Corneille, Paris 6ᵉ

> À Nanette Hamilton
> un livre où est essayé de
> dire un chemin.
> Aussi beau soit-il, aussi
> terrible, ce n'est jamais le sien.
> Le livre de sa propre vie n'est
> jamais fini, jamais écrit.
> Il est vécu. Puisse-t-il
> l'être bien à l'abri des
> souffrances inutiles. Jean-Claude

© 1997, Herbert F. Vetter.

© La Table Ronde, Paris, 1998, pour la traduction française.

ISBN 2-7103-0865-7.

PRÉFACE

RABINDRANATH TAGORE est l'homme qui a révélé la pensée indienne à elle-même. Né en 1861, il vécut de nombreuses années à Santiniketan au Bengale où il construisit une école et un lycée suivant les règles modernes de l'éducation. À la fois penseur, poète et musicien, Tagore reçut le prix Nobel de littérature en 1913, époque à laquelle l'Occident commença à s'intéresser à son œuvre.

Tagore a permis l'éclosion et le triomphe de l'éthique et de l'affirmation de la vie. Ces deux lignes directrices régissent son regard sur le monde qui ne souffre aucune négation de ce qui fait véritablement la matière de celui-ci et de la vie. C'est là un acte majeur à la portée considérable, car le déploiement progressif de l'évolution trouve sa conclusion naturelle chez Tagore qui invite à ce que nous prenions conscience d'appartenir à Dieu de toute notre âme et que nous Le servions activement dans la réalité d'ici-bas.

La joie inhérente à la vie et à la création est aux yeux de Tagore l'essence même de notre nature. Par sa noblesse d'âme et l'harmonie de sa pensée, ce sage appartient, au-delà de son peuple, à toute l'humanité.

Albert Schweitzer.

INTRODUCTION

Tous les maux et les ombres du monde ont quitté leur lit
Rameurs, cependant prenez place et que la grâce de la peine
   habite vos âmes !
Frères, qui donc blâmez-vous ?
Courbez la tête !
Le péché est le vôtre et le nôtre.
Une colère grandit d'âge en d'âge dans le cœur de Dieu
– elle s'appelle lâcheté du faible, arrogance du puissant, âpreté
   au gain et envie de fortune, rancœur d'avoir été trompé,
   fierté de la race et insulte à l'humain –
Et cette brûlure-là, de Dieu a incendié la paix et levé la tempête.

C'est pendant la Seconde Guerre mondiale que j'ai lu ces lignes pour la première fois – et jamais je n'ai pu les oublier. La paix revenue, quand je me mis en quête des ouvrages de Tagore, je rencontrai d'abord sur ma route ses prières si puissantes. À quel autre genre de littérature puis-je les comparer ? Je leur trouve une parenté avec la majesté éternelle et la profondeur des Psaumes hébreux dont elles évitent avec bonheur la vindicte relativement récurrente. Il me semble que l'expérience du dialogue avec le divin, que Tagore rend passionné et profondément intime, est assez proche de l'esprit des *Confessions* de saint Augustin, sans toutefois en avoir le caractère systématiquement négatif du refus de la vie et du monde. Les prières du poète indien moderne célèbrent bel et bien la vie malgré ce qu'elle charrie de tragédies et révèlent un monde éternel, perdurant dans un constant changement de couleurs, de sons et d'harmonies, ce monde qui est le nôtre.

Ma rencontre avec celui qui fut son secrétaire particulier, Amiya Chakravarty, un étudiant américain et indien m'encouragea dans ma quête, m'invitant à découvrir plus avant ce legs vivant. Je n'étais donc pas le seul à apprécier à sa juste valeur la contribution de Tagore à la littérature. Du reste, ce sont les prières contenues dans ce modeste recueil qui ont été récompensées par le prix Nobel de littérature en 1913, décerné pour la première fois à un Asiatique, le Comité du Nobel faisant fi de Tolstoï, Ibsen, Strindberg, Yeats et George Bernard Shaw. Le prix symbolisait la force peu commune de la simplicité de la vie quotidienne incarnée par les prières de Tagore. Du reste, W.B. Yeats avoue dans sa préface à la première publication anglaise du *Gitanjali (L'Offrande lyrique)* de Tagore que, lorsqu'il se promenait dans l'autobus ou le train avec le manuscrit, il lui fallait le fermer pour éviter qu'un étranger ne surprenne le trouble qu'il éprouvait à cette lecture.

Les prières poétiques de Tagore remuent en nous des émotions puissantes qui sont celles de la tragédie quotidienne de la vie. Sa mère mourut lorsqu'il n'avait que treize ans et il perdit sa femme encore jeune, à peine âgée de trente ans. Peu après il dut faire la douloureuse expérience de la mort d'une fille, de son père et de son plus jeune fils. Et peu avant cette série de deuils il avait perdu sa belle-sœur qu'il aimait beaucoup, Kadambari, qui se suicida. Quelques années après, Tagore traversa une dépression si grande et un tel désespoir qu'il pensa lui-même mettre fin à ses jours.

Néanmoins, tel le phénix renaissant de ses cendres, Rabindranath émergea et sa force fut mondialement reconnue. Il ne faut pas mésestimer la portée incroyable de l'œuvre de ce poète, né le 7 mai 1861, dans une famille cultivée de la bonne société de Calcutta. Il fut un grand éducateur, bien qu'il haït l'école étant enfant jusqu'à refuser d'y aller, ce qui explique sans doute pourquoi il instaura une école plus libérale dans l'État de sa famille près de Calcutta au lieu baptisé par son père : La Demeure de la Paix. C'est là, à Santiniketan, qu'il fonda une université internationale, Visva-Bharati, destinée à faciliter le rapprochement de l'Orient et de l'Occident et à permettre une synthèse des arts et des sciences, une recréation de la civilisation. Et comme si cela ne suffisait pas, Tagore consacra sa vie à libérer son pays de la domination britannique, contribuant à l'établissement de centres d'éducation pour la population rurale illettrée vivant dans la précarité et la maladie. Ce poète avait la conviction que l'Inde, berceau historique des religions du monde, devait relever le défi et inventer une réponse face à la civilisation occidentale qui verrouillait son développement. Il poursuivait la tâche de ses père et grand-père à la tête du mouvement réformiste indien, le Brahmo Samaj, principal outil de la renaissance indienne. Non content de reconnaître ses racines indiennes dans les anciens Vedas, Tagore affirma que Bouddha était le plus grand des êtres humains qui se fut jamais incarné sur terre, exalta les vertus chrétiennes du Sermon sur la Montagne et traduisit les poèmes de Kabir, le prophète et mystique le plus innovateur de l'Islam.

Cet homme exemplaire de la renaissance de la civilisation indienne eut une vie incroyablement riche. Poète et éducateur, dramaturge et acteur, compositeur et chanteur, il fut aussi peintre, essayiste, romancier dont le rayonnement fut international.

Les sources que j'ai utilisées sont : *Gitanjali (L'Of-*

frande lyrique, 1912), *Le Jardinier d'Amour* (1913), *Sadhana* (1913), *Les Oiseaux errants* (1916), *Voyage* (1918) et *La Fugitive* (1921).

Mon travail a été considérablement éclairé par la publication des œuvres de Rabindranath Tagore en anglais sous la direction de Sisir Kumar Das (1994-1996) et également par la biographie que Krishna Dutta et Andrew Robinson ont publiée en 1995 : *Rabindranath Tagore ; The Myriad-Minded Man.*

Permettez-moi enfin de résumer et de symboliser l'esprit de cet ouvrage par la phrase de Sarvapalli Radhakrishnan ; philosophe distingué, il fut aussi homme d'État et président de l'Inde :

Rabindranath Tagore est l'un des rares représentants de la personne universelle, celle-là même qui appartient à l'avenir du monde.

HERBERT F. VETTER,
Cambridge, Massachusetts,
23 avril 1997.

DE L'AUBE AU CRÉPUSCULE

ACCUEILLE-MOI

Accueille-moi, ô Dieu cher à mon cœur,
Accueille-moi et accepte-moi
Tel que je suis en cet instant.
Fais que j'oublie ces jours orphelins de Toi
Et tiens-moi, ô mon Dieu, en cet instant
Embrassé, lové au creux de Toi
Dans l'espace intime et vaste de Ta lumière.

J'ai erré de par le monde,
À la poursuite de voix
Dont le chant m'a charmé
Mais qui m'ont égaré
Sans jamais me conduire au port.

Laisse-moi, je t'en prie, m'asseoir dans Ta paix.
Laisse-moi aujourd'hui boire Tes paroles,
Et nourrir mon âme dans le silence.

Ne Te détourne pas de moi.
Ne détourne pas Tes yeux des sombres secrets que
 recèle mon cœur
Purifie-les plutôt à l'épreuve de Ta flamme
Embrase-les pour qu'ils s'éclairent à Ta lumière.

QUESTION POSÉE À DIEU

Depuis toujours, jour après jour, année après année,
Tu as envoyé Tes messagers de par ce monde sans pitié.
Ils y ont essaimé ces mots qui sont les Tiens :
« Pardonnez tout. Aimez-vous les uns les autres.
» Purifiez vos cœurs des souillures sanguinaires de la haine. »

Ces paroles vénérées à jamais ne peuvent être oubliées.
Pourtant de la porte du monde extérieur, en ce jour diabolique
Je les ai détournées sans savoir pourquoi cette trahison,
Je m'en suis détourné sans raison.

N'ai-je donc point vu cette secrète malveillance fou-

droyer l'indigent sous le couvert du droit et de l'hypocrisie ?
N'ai-je donc point entendu la voix solitaire de la justice verser des larmes silencieuses sur les outrages imposés par les puissants ?
N'ai-je donc point vu dans quelle agonie la jeunesse insouciante a galvaudé sa vie et heurté sa folie aux murs insensibles des cœurs de pierre ?

Ma voix s'étrangle et mes chants se taisent aujourd'hui.
Ci-gît le monde dont je rêve,
Enchaîné et détruit dans la spirale noire des mensonges.
Et je me tourne vers Toi, ô Dieu,
Les larmes aux yeux, je T'implore et te pose cette odieuse question :
« Leur as-Tu pardonné et les as-Tu jamais aimés
» Ceux qui ont souillé Ton air et éteint Ta lumière ? »

OÙ DONC T'EN ES-TU ALLÉ ?

Où donc T'en es-Tu allé, mon Ami,
Dans la nuit tempétueuse de Ton périple d'Amour ?
Le ciel n'est que plainte et gémissement.
Le ciel n'est que désespérance.

Je n'ai pas sommeil.
Encore et encore j'ouvre ma porte sur les ténèbres
Et scrute la nuit noire.
Ami, je Te cherche.
Et dans mon aveuglement, je m'interroge.

Dans quelle direction serpente Ton chemin ?
Sur quel rivage obscur d'une rivière d'encre noire,
À la lisière de quelle forêt ombrageuse et inquiète,
Des profondeurs intimes de quel sombre dédale
Es-Tu en train de Te frayer Ta route vers moi ?
Ami, où t'en es-Tu donc allé ?

POURQUOI ?

À minuit, l'ascète d'intention décrète :
« Il est l'heure de quitter cette demeure et de chercher Dieu. Qui donc m'a si longtemps bandé les yeux et bercé d'illusions ? »

« Moi. » Et Dieu a dit dans un murmure.
Mais les oreilles de l'homme s'étaient fermées aux bruits.

Sa femme était couchée et dormait paisiblement à ses côtés
Dans ses bras, un enfant nouveau-né.

L'homme dit encore : « Qui sont ceux-là qui m'ont si longtemps mystifiés ?
Ceux-là sont Dieu aussi. »
Et la voix avait dit, encore une fois.
Mais l'homme ne l'entendit pas.

Le bébé dans son rêve se mit à pleurer
Et chercher réconfort dans le sein de sa mère.
Alors Dieu ordonna à l'homme :
« Arrête, ne va pas plus loin
» Ne quitte pas ce qui est là devant toi. »
Mais l'homme ne l'entendit pas, encore une fois.

Alors Dieu laissa échapper un profond soupir
Et se lamenta tristement :
« Pourquoi faut-il que mon serviteur parte sur les routes à ma recherche
» Et m'abandonne en même temps ? »

ARBRES

Tiens-toi tranquille, ô mon cœur.
Car ces arbres montent vers les cieux
Comme ma prière s'élève vers Dieu.

SALUTATIONS

Salut à toi, compagnon de route,
Le voyageur qui chemine te salue.

Salut à Toi
Dieu de mon cœur brisé
Dieu des départs et des chemins quittés
Dieu des hommes égarés
Dieu des pertes et des manques
Dieu du vide et du silence gris de la tombée du jour
L'homme de la maison effondrée Te salue.

Salut à toi
Lumière du petit matin
Soleil du jour sans fin
Instant d'éternité
L'homme dont l'espoir ne meurt jamais te salue.

Salut à toi, mon Guide.
Je suis le passant sur le chemin,
Celui qui chemine sur la route sans fin Te salue.

FACE À FACE ?

Jour après jour, Toi qui régis ma vie, me tiendrai-je devant Toi
 Face à face ?

Les mains jointes, Toi qui régis tous les mondes, me tiendrai-je devant Toi
 Face à face ?

Sous Ta voûte immense, en solitude et en silence, le cœur empli d'humilité, me tiendrai-je devant Toi
 Face à face ?

Dans ce monde de labeur qui est le Tien, tourmenté et mouillé par la sueur du combat quotidien parmi les foules trop pressées, me tiendrai-je devant Toi
 Face à face ?

Et, lorsque mon travail accompli, mon temps venu ici-bas, Souverain des souverains, me tiendrai-je seul et sans voix devant Toi.
Face à face ?

MORT

La mort, Ta servante, est à ma porte.
Elle a traversé l'océan de l'inconnu et porté Ton appel jusqu'à mon seuil.

La nuit est noire et mon cœur plein d'effroi.
Pourtant je me lèverai et prendrai une lampe
Puis j'ouvrirai mon huis
Pour lui souhaiter la bienvenue.
Car c'est Ta messagère qui frappe chez moi aujourd'hui.

Je lui rendrai hommage mains jointes et le visage en pleurs.
Je lui rendrai hommage et placerai à ses pieds le trésor contenu en mon cœur.

TIENS MA MAIN

Délivre-moi de mes propres fantômes
Délivre-moi du naufrage et de la noyade
Délivre-moi de la confusion de mes jours
Ô mon Dieu

Car la nuit est bien noire
Et bien aveugle est Ton pèlerin.
Je t'en prie
Tiens ma main.

Délivre-moi du désespoir.
Ranime à Ton feu la flamme vacillante de ma peine.
Réveille mes pauvres forces engourdies de leur sommeil.
Et ne me laisse pas m'attarder à ressasser mes pertes.

Fais chanter la route
Fais chanter le chemin
Pour que chaque pas accompli me parle de demain
Et de la maison là-bas au bout du chemin.

Car la nuit est bien noire
Et bien aveugle est Ton pèlerin
Je t'en prie
Tiens ma main.

DÉLIVRANCE

Je ne me délivrerai pas en me renonçant.
Je sens l'étreinte de la liberté dans les mille liens des délices
Et je me délivre en m'y attachant.

À jamais pour moi Tu verses le jus frais de Ton vin.
De ses mille saveurs, de ses mille couleurs
Tu emplis jusqu'au bord ce calice d'argile.

À jamais le monde qui est le mien scintillera de cent lampes
Allumées à Ta flamme déposées sur l'autel de Ton temple
Ici-bas.

Non, je ne fermerai pas les portes de mes sens.
Car je veux par la Vue, l'Ouïe et le Toucher
goûter tous les plaisirs que Tu m'as donnés.

Oui, je ferai de mes illusions un grand feu de joie
Où se réchaufferont tous mes désirs trop verts
Pour devenir un jour
Les fruits mûrs de l'amour.

JE FAIS UNE PRIÈRE

Donne-moi le suprême courage de l'amour
Je T'en fais la prière.
Donne-moi le courage de parler, d'agir et de souffrir
 Ta volonté
De laisser tout ou d'être laissé.
Renforce-moi par les errances et le danger
Honore-moi de la souffrance
Aide-moi à grimper jusqu'au faîte
vers cet état d'existence
où chaque jour sacrifie à Ta volonté.

Donne-moi la suprême confiance de l'amour
Je T'en fais la prière.
Donne-moi la confiance qui voit la vie dans la mort,
Et la victoire dans la défaite,
Et la puissance cachée dans l'éphémère beauté,

Et la dignité manifestée dans la peine
qui accepte le coup porté
sans penser même à le retourner.

LE PLUS PAUVRE D'ENTRE EUX

C'est ici Ton tabouret
C'est ici que reposent Tes pieds
Là où vit le plus pauvre, le plus humble et le plus égaré.

Lorsque je tente de me courber devant Toi,
Je ne sais obéir et m'abaisser autant que Toi
Jusqu'à ces profondeurs où Tu reposes Tes pieds
Là où vit le plus pauvre, le plus humble et le plus égaré.

L'orgueil ne peut même pas fouler
Le chemin où Tu marches
Dans l'habit de l'humilité
Là où vit le plus pauvre, le plus humble et le plus égaré.

Mon cœur ne sait trouver son chemin vers Toi
Vers ce lieu où Tu habites avec l'esseulé
Là où vit le plus pauvre, le plus humble et le plus égaré.

*L'HEURE EST VENUE
DE S'ASSEOIR UN MOMENT*

J'implore un moment d'indulgence
Qu'il me soit permis de m'asseoir à Ton côté.
Le travail en cours attendra bien un instant.

Car loin de Ton visage
Mon cœur ne connaît ni repos ni répit
Le travail en cours est une peine infligée
Sans but et sans dessein, sans promesse d'accomplissement.

Aujourd'hui l'été m'adresse un clin d'œil par la fenêtre
Les abeilles butinent le jardin en fleurs

L'heure est venue de s'asseoir tranquillement

En tête à tête avec Toi et de chanter pour consacrer la vie
Dans ce silence qui m'inonde et me repose.

LE REBELLE

Je me suis rapproché de Toi au point de Te blesser
Mais je n'en avais pas conscience.

Je T'ai enfin reconnu pour Maître
Alors que je Te combattais pour être défait.

Je suis simplement devenu ton débiteur à titre onéreux
Quand je T'ai détroussé en secret

Par péché d'orgueil, j'ai avancé à contre-courant de
 Toi
Pour le seul fait de sentir Ta force contre mon sein.

Par rébellion, j'ai allumé la lumière dans ma demeure
Et Ton ciel m'a surpris par ses mille étoiles scin-
 tillantes.

LE MOINDRE GRAIN DE MAÏS

J'étais allé mendiant de porte en porte dans la rue du village.
Quand ton chariot d'or est apparu au loin comme un rêve splendide.
Et je m'émerveillai de ce Roi des rois !

Mes espoirs ont grandi et j'ai pensé que c'en était fini des mauvais jours.
Je m'attendais déjà à des aumônes spontanées et des richesses éparpillées dans la poussière du chemin.

Le chariot s'arrêta devant moi. Ton regard se posa sur moi et Tu descendis le sourire aux lèvres. Je me suis dit alors que la chance de ma vie était enfin arrivée. Puis Tu as soudain tendu la main droite et m'as dit :
« Qu'as-tu à me donner ? »
Quelle facétie royale Tu as faite là ! Mendier auprès

d'un mendiant ! J'étais confus et indécis avant de me décider à sortir lentement de ma besace un tout petit grain de maïs que je Te donnai.

Quelle ne fut pas ma surprise lorsqu'à la fin du jour je vidai mon sac et y trouvai parmi ses maigres trésors un tout petit grain d'or ! Je pleurai alors des larmes amères, confus de ne pas avoir eu le cœur de te donner tout mon bien.

MON AMI

Je suis venu à Toi pour me laisser toucher avant de commencer ma journée.
Embrasse-moi de ton regard quelques instants.

Permets que j'emporte au travail l'assurance de T'avoir toujours à mes côtés, mon Ami.

Emplis mon esprit de Ta musique pour qu'elle perdure dans le désert de la cacophonie.

Laisse les rayons de Ton amour réchauffer le sommet de la montagne de mes pensées et s'attarder dans la vallée de ma vie où mûrissent les moissons.

MON ÉTOILE POLAIRE

J'ai fait de Toi mon étoile polaire ; jamais plus je ne perdrai mon chemin au cours du voyage de la vie.

Où que se dirigent mes pas, Tu es là et Tu distribues Tes bienfaits autour de moi. Toujours devant mes yeux je vois Ton visage.

Que je le perde de vue et je perds le sens.
Et pour peu que mon cœur soit tenté de s'égarer, un seul regard de Toi le fait rougir de ce détour.

SAGESSE

J'ai fait l'ascension jusqu'au sommet mais je n'ai pas trouvé d'abri dans les hauteurs blafardes et nues de la renommée.

Conduis-moi, mon Guide, avant que la lumière décline, dans la vallée de la quiétude où la moisson de la vie mûrit en sagesse dorée.

TA PRÉSENCE

Je ne sais pas depuis combien de temps Tu Te rapproches de moi pour me rencontrer.
Ton soleil et Tes étoiles ne peuvent Te cacher à jamais.

Souvent dans le matin ou dans le soir, on a entendu Tes pas résonner et Ton messager est venu en mon cœur pour m'appeler en secret.

Je ne sais pas pourquoi ma vie aujourd'hui est en émoi et un frémissement de joie traverse mon cœur.

C'est comme si le temps était venu pour moi de terminer mon ouvrage et je sens dans l'air la discrète et douce fragrance de Ta présence.

TRÉSORS

Je sais que viendra le jour
Où mon regard se fermera à ce terrestre séjour,
Où la vie prendra congé de moi en silence
Et, tirant le rideau sur la scène, fera sa révérence.

Et là-haut, fidèlement, les étoiles continueront de briller au firmament
Et l'aube de se lever et les heures de déferler
Et de charrier comme le ressac plaisirs et peines, attaques et contre-attaques.

Et dès que j'y pense, la digue des instants cède et je vois alors surgir dans la lumière de la mort le monde qui est le Tien et ses trésors nonchalants.
Précieuse est sa plus humble demeure
Précieuse est son existence la plus misérable.

Tous les biens que j'ai souhaités et possédés ici-bas en vain
Qu'ils passent
Et permets que désormais je m'attache
À tout ce que j'ai ici-bas oublié, voire méprisé.

RIEN N'EST TOTALEMENT PERDU

Je sais que cette vie-ci, même si elle ne s'est pas accomplie dans l'amour, n'est pas totalement perdue.

Je sais que les fleurs flétries au crépuscule et que les rivières s'égarant dans le désert ne sont pas totalement perdues.

Je sais que les retards accumulés en cette vie appesantie par la lenteur du temps ne sont pas totalement perdus.

Je sais que mes rêves avortés et mon chant retenu viennent effleurer les cordes de Ton luth et qu'ils ne sont pas totalement perdus.

MON VOYAGE

Mon voyage parvenait à son terme, pensai-je. J'arrivais aux confins de mes possibles. La route se fermait devant moi, les provisions s'épuisaient et l'heure avait sonné de chercher refuge dans une silencieuse obscurité.

Mais je découvre que Ta volonté ne connaît aucune limite. Les mélodies nouvelles engendrées par le cœur succèdent aux vieux mots éteints sur ma langue. Et là où se perdent les traces anciennes, s'ouvre un nouveau pays peuplé de merveilles.

TON NOM

Je prononcerai Ton nom, solitairement assis parmi les ombres de mes silencieuses pensées.

Je prononcerai Ton nom sans dire un mot et sans propos. Car je suis comme cet enfant qui appelle sa mère cent fois, heureux de pouvoir dire « Maman. »

TU ES LÀ ICI-BAS

Abandonne ton chant, tes psalmodies et ton chapelet. Qui donc crois-tu honorer dans ce coin sombre et solitaire au fond de ce temple aux portes closes ? Ouvre les yeux et vois que Ton Dieu n'est pas là devant toi.

Car Tu es là, ô mon Dieu, où le paysan laboure le sol aride et où le tailleur de pierres peine au labeur. Auprès d'eux Tu Te tiens sous un soleil de plomb ou sous la pluie battante, Ton vêtement couvert de sueur et de saleté. C'est à moi de quitter aujourd'hui mon manteau de sainteté et de descendre comme Toi sur terre dans la poussière.

Délivrance ? Où trouver la délivrance ? Dieu Tu t'es Toi-même chargé avec joie des liens de la création et T'es attaché à nous pour toujours.

Je sors de ma méditation et laisse de côté fleurs et encens. Peu importe que mes habits se déchirent et se tachent. C'est dans l'ouvrage et à la sueur de mon front que je Te rencontre et que je puis me tenir devant Toi dignement.

AU-DELÀ DU DÉSESPOIR

Plein d'espoir et de désespérance je vais et viens, la cherchant aux quatre coins de ma chambre : mais je ne la trouve point.

Ma maison est petite et celle qui est partie ne peut être reconquise.

Mais Ta demeure est infinie, ô mon Dieu : parti à la recherche de celle que j'ai perdue, je viens frapper à Ta porte.

Debout sous la voûte constellée de Ton crépuscule, je lève mes yeux pleins d'ardeur vers Ton visage.

Je suis parvenu aux confins de l'éternité où rien ne peut se dissiper – ni l'espoir, ni l'extase, ni la vision d'un visage entrevu derrière les larmes.

Oh, puisses-Tu engloutir ma vie vaine dans cet océan et la plonger au plus profond des eaux. Permets que je puisse pour une fois ressentir la douceur de cette caresse perdue dans la plénitude de l'univers.

MON CHANT

Mon chant a célébré les fleurs de Ton printemps et rythmé le bruissement de Tes feuilles.

Mon chant s'est élevé dans le silence de Tes nuits et la paix de Tes matins.

Et dans la mélodie de mon chant ont pénétré les premières pluies de l'été et tressailli les vagues que l'automne imprime aux champs de blé.

Permets que jamais ne s'arrête mon chant.

SALUTATION

Je Te salue, mon Dieu, et que de cette salutation tous mes sens se répandent et touchent le monde à Tes pieds.

Comme un nuage lourd de pluie penche sous le poids de l'averse à venir, laisse mon esprit se courber à Ta porte. Je Te salue, mon Dieu.

Que mes chants se rassemblent et que tous leurs courants ne fassent plus qu'une rivière dévalant vers une mer de silence qui Te salue, mon Dieu.

Comme une harde d'oiseaux migrateurs volant nuit et jour vers leurs montagnes natives, fais que toute ma vie ne soit qu'un seul voyage pour regagner son éternel séjour, un grand cheminement qui Te salue, mon Dieu.

LE PASSANT SOLITAIRE

À pas secrets, Tu marches. Silencieux comme la nuit, dans la noirceur de la pluie, à l'abri des curieux.

Sourd aux appels insistants du vent d'est, le matin a fermé les yeux, recouvrant d'un voile épais le ciel pur à jamais éveillé.

Les étendues boisées ont étouffé leurs chants. Les portes restent closes devant le passant. Voyageur solitaire, Tu avances dans la rue déserte. Ô mon seul, mon Très Cher Ami, les portes de ma demeure Te sont ouvertes. Ne passe pas Ton chemin comme dans un rêve.

SOMMEIL

Dans la nuit de la lassitude, donne-moi de dormir sans penser à la lutte et de me reposer sur Toi.

Donne-moi de ne pas forcer mon esprit languissant à préparer un pauvre rituel pour T'adorer.

C'est bien Toi qui tires le drap de la nuit sur les yeux fatigués du jour pour mieux renouveler son regard et lui rendre sa fraîcheur et sa vigilance.

LA TERRE MÈRE

Ô patiente Mère, toute de poussière crépusculaire, l'abondance infinie n'est pas Ton lot !
Tu peines pour nourrir Tes enfants et les vivres se font rares.
Le don de la joie dont Tu nous combles n'est jamais sans défaut.
Et Tu ne peux satisfaire à toutes nos faims et nos espoirs.
Faut-il pourtant que pour cette raison je Te néglige ?

Ton sourire, même assombri par la peine, m'apporte bien de la douceur.
Ton amour, même esquissé, est cher à mon cœur.
De Ton sein, tu as engendré la vie et non l'immortalité
Et c'est pourquoi Ton regard est à jamais vigilant.

Pour les âges à venir Tu œuvres dans un halo de couleurs et une symphonie mélodieuse. Pourtant Ton royaume céleste reste à construire dont nous ne connaissons que la triste esquisse.

Car une brume de larmes recouvre la beauté de Ta création.
Et je verserai mon chant sur Ton visage de tendresse
Et je verserai mon amour sur Ta poussière en détresse,
Terre Mère.

LA JOIE EN ABONDANCE

Est-ce trop te demander que de te réjouir de ce rythme joyeux ? Est-ce trop te demander que de te laisser ballotté, brisé, égaré par le tourbillon de cette formidable joie ?

Toutes choses se projettent en avant. Jamais elles ne s'arrêtent, jamais ne se retournent : rien, aucune puissance ne peut les retenir dans leur progression.

Au rythme de cette musique rapide qui ne prend jamais de repos, les saisons suivent la cadence et dansent et passent : couleurs, rengaines et parfums se déversent en des cascades sans fin venant grossir le cours de cette abondance de joie. Cette joie qui essaime et s'éparpille, fait son deuil et meurt à chaque instant.

OUVRIER DE L'UNIVERS

Seule la révélation de Ton infinité au plus intime de chacun de nous est éternellement neuve, éternellement belle. Seule elle donne le sens de notre être quand nous communions à Tes pulsations et que l'univers entier résonne dans notre âme. Alors seulement nous sommes des hommes libres.

Ô Toi, ouvrier de l'Univers ! Emplis-moi du flux irrésistible de Ton énergie comme l'impétueux vent du sud s'engouffre dans la vallée au printemps : Laisse-le balayer le vaste champ de la vie humaine. Laisse surgir nos pouvoirs nouveau-nés pour qu'ils s'accomplissent et prospèrent à l'infini comme la graine donne la feuille, la fleur et le fruit.

MON DERNIER CHANT

Que tous mes accents de joie se mêlent dans mon dernier chant – de cette joie qui se répand à profusion, quand la terre se couvre de verdure et que les jumeaux Mort et Vie font la ronde autour du vaste monde – la joie qui s'engouffre sous la porte avec la tempête, qui provoque les rires et fait perler les larmes aux yeux du malheureux assis au cœur du lotus rouge de la souffrance – la joie qui recouvre de ses éclats la poussière. La joie qui ne se définit pas.

SAISIR TA MAIN TENDUE

Laisse-moi Te prier, non pour que le danger me soit épargné, mais pour que je ne le craigne pas.

Laisse-moi Te demander, non de calmer ma peine, mais d'avoir le cœur de la dépasser.

Laisse-moi T'implorer, non pas d'être sauvé de l'angoisse, mais d'apprendre à espérer et à savoir patienter pour gagner ma liberté.

Accorde-moi de ne pas être lâche pour que je n'aie pas à sentir Ta pitié en évitant de justesse l'échec. Mais donne-moi de saisir Ta main tendue et de sentir Ton étreinte au moment où je faiblirai.

QUE MON CHANT SOIT SIMPLE

Que mon chant ait la simplicité de l'aube,
Du glissement de la rosée sur la feuille,
Des reflets dans les nuages,
Et des averses de la nuit.

Mais les cordes de mon luth sont neuves et leurs notes acérées comme des lances fraîchement aiguisées viennent blesser la lumière dans le ciel et manquent l'esprit du vent qui souffle dans les branches.

Et les accents de mon chant combattent âprement pour repousser au loin Tes propres harmoniques.

MON TOUT

Laisse seulement subsister ce fragment de moi par lequel je puis T'appeler mon tout.

Laisse seulement subsister ce fragment de volonté par lequel je puis sentir Ta présence de tous côtés et venir à Toi en toute chose et T'offrir mon amour à tout moment.

Laisse seulement subsister ce fragment de moi par lequel je ne puis jamais Te cacher.

Laisse seulement subsister ce fragment de mes chaînes qui m'attache à Ta volonté et transmet Tes desseins dans ma vie – car c'est l'attache de Ton amour.

MON PAYS

Mon Dieu, permets que la terre et l'eau, l'air et les fruits de mon pays soient doux.

Mon Dieu, permets que maisons et marchés, forêts et champs cultivés y prospèrent.

Mon Dieu, permets que ses promesses et ses espoirs, ses actes et ses paroles soient véritables.

Mon Dieu, permets que toutes les vies et tous les cœurs des fils et filles de mon pays ne fassent qu'une seule et même vie, qu'un seul et même cœur.

MON DERNIER MOT

Fasse que mon dernier mot soit le suivant : j'ai foi en Ton amour.

TON AMOUR

Que Ton amour tire parti de ma voix et se repose en mon silence.

Qu'il traverse mon cœur et s'infiltre dans tous mes mouvements.

Que Ton amour brille comme les étoiles dans l'obscurité de mon sommeil et qu'il se lève à mon réveil.

Qu'il brille dans la flamme de mes désirs et se propage dans tous les courants de mon propre amour.

Fais que ma vie résonne de Ton amour comme une harpe émet ses propres harmoniques et qu'elle Te le rende enfin en Te rendant ma vie.

VIE DE MA VIE

Vie de ma vie, toujours j'essaierai de garder un corps pur car je sais que Ton vivifiant contact touche tous mes membres.

Toujours j'essaierai de préserver mes pensées de tous mensonges car je sais que Tu es cette vérité qui a fait naître dans mon esprit la lumière de la raison.

Toujours j'essaierai d'écarter tous les maux de mon cœur et de garder mon amour en fleurs car je sais que Tu as installé Ton siège au plus intime du mausolée de mon cœur.

Et ce sera mon sacrifice que Te révéler dans mes actes car je sais que c'est Ta puissance qui me donne la force d'agir.

LUMIÈRE

Lumière, ma lumière, lumière qui emplit le monde, lumière qui vient embrasser l'œil, lumière qui vient adoucir le cœur.

Ah, la lumière danse, Ma Chère, au centre de ma vie ; elle effleure les cordes de mon amour ; le ciel s'ouvre ; le vent s'emballe ; un rire fuse au-dessus de la terre.

Les papillons déploient leurs voiles sur la mer de lumière. Lilas et jasmins sont portés sur la crête de ses vagues.

Ma Chère, la lumière se brise en mille éclats d'or sur chaque nuage, tels des joyaux scintillants à profusion.

L'allégresse se répand de feuille en feuille, et le bonheur aussi en toute démesure. La rivière céleste a brisé ses versants et le flot de la joie s'échappe de ses flancs sans retenue.

LA PLÉNITUDE DE LA PAIX

L'amour qui ne connaît pas de limites n'est pas pour moi car il est comme le vin qui mousse : après avoir fait éclater le tonneau qui le contient, il se répand et se gâche définitivement.

Envoie-moi un amour simple et pur comme Ta pluie, qui apporte à la terre assoiffée sa bénédiction et remplit les jarres d'argile pour l'usage domestique.

Envoie-moi un amour qui s'infiltre dans le centre de l'être et, de là, se répand dans les branches de l'arbre de vie pour donner naissance aux fruits et aux fleurs.

Envoie-moi l'amour qui tranquillise le cœur dans la plénitude de la paix.

RÉSISTANTES SONT LES ENTRAVES

Résistantes sont les entraves et mon cœur souffre quand je tente de les briser.

La liberté est tout ce que je veux : mais de l'espérer me voilà honteux.

Je suis certain que Tu caches un trésor inestimable et que Tu es mon meilleur ami. Pourtant je n'ai pas le cœur à balayer de ma chambre les oripeaux qui l'encombrent.

Le linceul qui me recouvre est fait de poussière et de mort : je le hais et pourtant je l'embrasse dans un élan d'amour.

Mes dettes sont immenses, mes faiblesses innombrables, ma honte secrète et lourde à porter :

pourtant lorsque je viens demander mon bien, je tremble d'effroi jusqu'à ce que ma prière ait été exaucée.

TEMPS PERDU

Les jours d'oisiveté, je me suis désolé du temps perdu : pourtant, l'est-il jamais ? Car Tu as pris chaque moment de ma vie dans Tes mains.

Caché au cœur des choses, Tu fais naître le germe de la graine, la floraison du bourgeon et la maturité du fruit dans la fleur de l'arbre.

J'étais fatigué. Allongé sur ma couche oisive j'imaginai que tout travail avait cessé. Au matin, je m'éveillai et trouvai mon jardin débordant de fleurs et de merveilles.

L'INFINITÉ DE TON AMOUR

Tiens-Toi devant mes yeux et laisse Ton regard embraser mon chant.

Tiens-Toi parmi les étoiles et laisse-moi découvrir au cœur de leurs feux la flamme de mon adoration.

La terre attend au bord de la route du monde.

Tiens-Toi sur le manteau verdoyant qu'elle a étendu sous Tes pas et laisse-moi trouver dans ses prés et ses prairies fleuris l'étendue de ma salutation.

Tiens-Toi près de moi dans le soir délaissé quand mon cœur veille, solitaire : remplis sa coupe de solitude et permets que je sente au plus intime de moi l'infinité de Ton amour.

JE NE VEUX QUE TOI

C'est Toi que je veux, Toi seul. Laisse mon cœur le redire à jamais. Car tous les autres désirs qui viennent me distraire jour et nuit sont faux et foncièrement vains. Comme la nuit recèle dans ses ténèbres l'exigence de la lumière, au plus profond de mon inconscience retentit mon cri : « C'est Toi que je veux, Toi seul. »

Comme l'orage au cœur de la tourmente n'aspire qu'à sa fin dans la paix, ma rébellion combat Ton amour tout en criant vers Lui : « C'est Toi que je veux, Toi seul. »

PLUIE

Le jour est mouillé, obscurci par la pluie.

Les éclairs en colère lancent des regards furieux au travers des voiles déchirés de la nuée et la forêt ressemble à un lion en cage tournant et retournant dans sa désespérance.

En ce jour où les vents s'envolent à tire-d'aile, fais que je trouve la paix en Ta présence.

Car le ciel affligé a endeuillé ma solitude pour que je prenne conscience du sens profond de Ton geste lorsque Tu viens toucher mon cœur.

OMBRE ET LUMIÈRE

La lanterne que je porte combat la pénombre sur la route toujours plus longue.

Et le bord de la route me terrorise où les arbres en fleurs jettent sur moi le regard sévère d'un spectre menaçant : et l'écho assourdi de mes pas me revient aux oreilles pour mieux marquer sa suspicion.

C'est pourquoi je prie pour que vienne Ta lumière au matin, en cette aube où s'embrassent le proche et le lointain et où la vie s'unifie dans l'amour.

LE COURS DE LA VIE

Le même courant de vie circulant dans mes veines tout le jour et la nuit voyage à travers le monde, y imprimant le rythme de sa danse.

C'est la même vie qui explose de joie à travers la poussière terrestre en multiples épis pour se propager en vagues ondoyantes de feuilles et de fleurs frémissantes.

C'est la même vie que berce l'océan primordial de la naissance et de la mort dans l'œuf et dans le flot.

Je sens mes membres se glorifier de cet attouchement vital, et m'enorgueillis que mon sang résonne de la pulsation des âges dans ce seul instant.

COUPE À LA RACINE

Coupe. Je T'en prie. Coupe à la racine la pauvreté en mon cœur.

Donne-moi la force de supporter le cœur léger mes joies et mes peines.

Donne-moi la force de faire fructifier mon amour au service d'autrui.

Donne-moi la force de ne jamais renier le pauvre et de ne pas me courber devant la puissance insolente.

Donne-moi la force d'élever mon esprit au-dessus des vétilles du quotidien.

Donne-moi la force de soumettre ma force à Ta volonté avec amour.

ACTION DE GRÂCES

Ceux qui marchent sur la voie de l'orgueil, écrasant sous leurs pas ce qui leur est inférieur, couvrant l'herbe tendre d'empreintes ensanglantées,

Qu'ils se réjouissent et Te rendent grâce, mon Dieu, car ce jour est le leur.

Mais je Te rends grâce de vivre parmi les humbles, parmi ceux qui souffrent et supportent le poids des puissants, et cachent leur visage pour étouffer leurs larmes dans la pénombre.

Car chaque battement de leur peine est une pulsation au plus secret, au plus intime, au cœur de Ta nuit et chaque insulte reçue vient s'ajouter à celles unies dans Ton grand silence.

Et demain sera leur.

Ô Soleil, lève-toi sur les cœurs qui saignent. Qu'ils s'ouvrent au matin en mille floraisons et que la torche vengeresse de l'orgueil soit réduite en cendres.

PRENDS-MOI, Ô REPRENDS-MOI

Jour après jour je me suis présenté à Ta porte, les mains levées, quêtant toujours plus de Ta bonté.

Tu m'as donné et donné encore, un jour modérément, un autre abondamment.

J'ai su saisir quelques-uns de tes cadeaux ; j'en ai laissé passer d'autres. Certains pesèrent de tout leur poids, d'autres furent entre mes mains comme des jouets que je cassai lorsque j'en fus fatigué. Tant et si bien que grandit le gâchis, le tas d'épaves de Tes dons. Il Te cachait et mon cœur se consumait en une continuelle attente.

« Prends-moi, ô reprends-moi. » Tel est aujourd'hui mon cri.

Attrape mes mains : élève-moi au-dessus de cette montagne de dons dans la nudité et la solitude infinie de Ta présence.

LE TEMPS

Le temps est infini entre Tes mains, ô mon Dieu dont les minutes ne se comptent pas.

Passent les nuits. Passent les jours. Et fleurissent les âges avant que de faner comme rose en été. Tu sais comment attendre.

Tes siècles se suivent sans discontinuer, attentifs à parfaire une humble fleur sauvage.

Nous n'avons pas de temps à perdre. Nous n'avons pas le temps. Car il nous faut lutter pour saisir notre chance. Nous sommes trop pauvres pour prendre du retard.

Et ainsi passe le temps, que je consacre à celui qui le demande tandis que Ton autel reste vide d'offrande jusqu'au dernier venu.

Mais à la tombée du jour, anxieux de refermer la porte, je me hâte et trouve alors qu'il reste du temps.

LES LARMES DE LA TERRE

Nous nous réjouissons, ô mon Dieu, que les larmes de la terre gardent son sourire florissant.

QUEL DIVIN NECTAR

Quel divin nectar boirais-tu, mon Dieu, de la coupe débordante de ma vie ?

Mon poète, est-ce Ton bon plaisir de regarder Ta création au travers de mes yeux, de Te tenir au portique de mes oreilles, d'écouter silencieusement Ton éternelle harmonie ?

Ton monde tisse des mots en moi et Ta joie les met en musique. Tu Te donnes à moi en amour pour mieux sentir en moi toute Ta douceur.

LA MUSIQUE D'AMOUR

Quand j'aurai accordé le luth de ma vie, chacun de Tes attouchements y jouera la musique d'amour.

LE GLAS DE MES NUITS INSOUCIANTES

M'éveiller en Ton amour, voilà qui sonne le glas de mes nuits insouciantes.

Ton aube touchera mon cœur de ses feux et mon voyage commencera sur son orbite de triomphante souffrance.

J'oserai relever le défi de la mort et porter Ta voix au cœur des quolibets et des menaces.

Je dénuderai mon torse pour faire barrage aux injures dont on accable Tes enfants et prendrai le risque de rester à Tes côtés, là où personne d'autre que Toi ne demeure.

Ô MONDE

Quand ce n'est pas d'amour que mon cœur T'embrasse, Ta lumière, ô monde, est ternie et Ton ciel scrute la nuit à la lumière de sa torche.

Mon cœur s'est approché de Toi, une musique aux lèvres, et, dans le bruissement de murmures échangés, a ceint Tes épaules d'une couronne fleurie.

Je sais que mon cœur T'a fait là un don qui comptera au nombre de Tes étoiles.

L'HEURE DE LA DÉTENTE

Quand je me détendais avec Toi, je n'ai jamais cherché à savoir qui Tu étais. Je ne connaissais ni timidité ni crainte : ma vie était tempétueuse.

Au petit matin, Tu me tirais de mon sommeil comme un camarade et m'emmenais courir de bois en bois.

En ces jours-là, je me préoccupais peu de comprendre le sens des airs que Tu chantais à mon oreille. Seule ma voix retenait la mélodie et mon cœur dansait à son rythme.

Aujourd'hui que l'heure de la détente est passée, quel est ce regard soudain qui vient se poser sur moi ? Le monde, courbé à Tes pieds, les yeux baissés, éprouve de la crainte, et avec lui toutes les étoiles silencieuses.

QUAND LE CŒUR EST DUR

Quand le cœur est dur et desséché, viens et fais pleuvoir sur moi une averse de pitié.

Quand la grâce a quitté la vie, viens dans un déferlement de musique.

Quand le tapage et le tumulte deviennent trop assourdissants et m'isolent de l'essentiel, viens à moi, Dieu de silence et de paix, viens à moi dans le repos.

Quand mon cœur mendiant se tapit, accroupi dans un coin, pousse la porte et entre, ô mon Dieu.

Quand le désir aveugle l'esprit et le trompe et le voile de poussière, ô Toi Très Saint, viens. Éclaire-moi de Ta lumière, ébranle-nous de Ton tonnerre.

CHANTER

Quand tu m'invites à chanter, c'est comme si mon cœur débordait de fierté : je Te regarde et les larmes me montent aux yeux.

Toutes les dissonances et les aigreurs de ma vie se dissolvent en une harmonieuse douceur – et mon ardeur à t'adorer se déploie ; ouvrant ses ailes, elle prend son envol comme un oiseau heureux de survoler l'océan.

Je sais que Tu aimes mon chant. Je sais que c'est le chanteur en moi – et le chanteur seul – qui est digne de se tenir en Ta présence.

Du bout des ailes immenses de mon chant, je touche Tes pieds que je ne pourrai jamais espérer atteindre.

Ivre de la joie de chanter, je m'oublie et T'appelle mon Ami quand Tu es mon Maître.

QUAND TU ME SAUVES

Quand Tu me sauves, les pas sont plus légers pour cheminer dans Tes mondes.

Quand mon cœur est lavé de ses souillures, il irradie la lumière de Ton soleil.

Que le bourgeon de ma vie n'ait pas éclos en une floraison de beauté entache de tristesse le cœur de la création.

Quand mon âme aura quitté le linceul de la nuit, elle mettra de la musique sur Ton sourire.

QUE MON PAYS S'ÉVEILLE

Là où l'esprit n'éprouve pas de crainte,
Là où l'on porte la tête haute,
Là où la connaissance est libre,
Là où le monde ne s'est pas brisé en mille domaines sertis de hauts murs par des luttes intestines,
Là où les mots viennent des profondeurs de la vérité,
Là où un inlassable effort tente de toucher à la perfection,
Là où le clair courant de la raison ne s'est pas perdu dans le sable stérile des habitudes,
Là où Tu invites l'esprit à aller de l'avant, à élargir sa pensée, à passer à l'action,
Dans ce havre de liberté,
Fais, mon Père, que mon pays s'éveille.

RIEN D'AUTRE QUE TON AMOUR

Oui, je sais, tout ceci n'est rien ; rien d'autre que Ton amour, ô Toi que chérit mon cœur – Ton amour dans cette lumière dorée qui danse sur les feuilles, ces nuages oisifs qui naviguent dans le ciel, cette brise discrète qui laisse une touche de fraîcheur sur mon front.

La lumière du matin a inondé mes yeux – c'est là Ton message à mon cœur. Ton visage se penche vers moi, Tes yeux me regardent dans les yeux et mon cœur se prosterne et touche Tes pieds.

LE CIEL ET LE NID

Tu es le ciel et Tu es le nid aussi.

Ô Toi Beauté unique, c'est dans le nid des couleurs et des sons et des odeurs que Ton amour enclôt l'âme.

Voici venir le matin à l'orient. Dans sa main droite, une corbeille d'or où il tient serrée la guirlande de beauté dont il va couronner la terre.

Puis voici que vient le soir par des chemins vierges de toute empreinte et qui s'étend sur les prairies désertées par les troupeaux. Dans sa main, une cruche d'or pleine du jus frais de la paix puisé à l'océan du repos, à la source occidentale.

Là-bas, là où s'étend le ciel infiniment, où l'âme est invitée à prendre son envol, règne une lumière immense, sans tache, toute blanche. Là-bas, il n'y a plus ni jour, ni nuit, ni forme, ni nuances. Il n'y a là-bas qu'un grand, un très grand silence.

MAINTENANT DANS LE SOIR

Tu m'as donné un siège à Ta fenêtre depuis la première heure.

J'ai parlé aux serviteurs silencieux qui vaquaient à Tes courses sur la route et j'ai chanté avec Ton chœur céleste.

J'ai vu la mer calme et supporté son intense silence.
J'ai vu la mer démontée et combattu pour percer le mystère de ses profondeurs.

J'ai observé la terre dans la plénitude prodigue de la jeunesse et dans les heures lentes des ombres qui s'allongent.

Les semeurs ont reçu mes salutations et j'ai dit le bonsoir aux hommes revenant de la moisson et du travail : tous ont entendu mon chant.

Ainsi je suis parvenu enfin au bout de mes jours et je chante une dernière fois pour dire combien j'ai aimé le monde qui est le Tien.

DONS

Tu m'as donné Ton amour.

Tu as empli le monde de Tes dons.

Ils pleuvent sur moi quand je ne les attends point car mon cœur sommeille dans la noirceur de la nuit.

Perdu dans la caverne de mes rêves, j'ai tressailli de joie.

Et je sais ce que je Te donnerai en retour pour le trésor des paroles que Tu as prononcées : je Te donnerai une petite fleur d'amour au matin quand mon cœur s'éveillera.

TU M'AS FAIT INFINI

Tu m'as fait infini, tel est Ton bon plaisir. Encore et encore tu vides ce fragile esquif que je suis pour l'emplir d'une vie neuve et fraîche.

Je suis cette petite flûte de roseau que tu as portée par-delà collines et vallées, dans laquelle tu as joué des mélodies toujours renouvelées.

À l'attouchement d'immortalité, au contact de Tes mains, mon cœur limité explose de joie et prononce l'ineffable.

Tes dons infinis se déposent dans ces mains minuscules qui sont les miennes. Les années passent et toujours Tu verses, et toujours Tu trouves de la place pour verser.

DES AMIS QUE JE NE CONNAISSAIS PAS

Tu m'as fait rencontrer des amis que je ne connaissais pas. Tu m'as donné un siège dans des maisons qui ne sont pas les miennes. Tu as rendu proche ce qui était distant et fait d'un étranger mon frère.

Je ne suis pas très à l'aise hors de mon habituel séjour ; j'oublie facilement que l'ancien subsiste dans le nouveau et que Tu y as également installé Ta demeure.

Par la naissance et par la mort, dans ce monde et dans les autres, où que Tu me conduises, c'est Toi le seul et unique Compagnon de ma vie éternelle qui lies mon cœur joyeux à ce qui ne m'est pas familier.

Dès que l'on Te connaît, il n'y a plus de dépendance, plus de porte fermée. Ô exauce ma prière et fais que jamais je n'oublie l'état de félicité que j'ai connu lorsque j'ai perçu la touche de l'un dans le jeu du multiple.

TU TE CACHES

Tu Te caches dans Ta gloire, ô mon Dieu.

Le grain de sable et la goutte de rosée sont plus visibles que Tu ne l'es.

Le monde sans perdre contenance – et sans rougir de honte – prétend que tout lui appartient alors que tout est à Toi.

Tu nous fais de la place tout en restant à proximité en silence ; voilà pourquoi l'amour allume sa lampe pour partir à Ta recherche et vient Te vénérer sans y être invité.

ENFIN LIBÉRÉ

Tu as pris ma main et m'as fait venir à Tes côtés, Tu m'as fait asseoir sur un siège élevé devant tous les autres, jusqu'à ce que je sois paralysé par la timidité. Incapable de faire le moindre geste et de trouver mon chemin, je doutais et balançais à chaque pas de peur de marcher sur la moindre épine.

Je suis enfin libéré !
Le vent s'est levé, le tambour des insultes a résonné, mon siège est jeté dans la poussière.
Différentes voies s'ouvrent à moi.
Mes ailes sont pleines du désir du ciel.
Je vais rejoindre les étoiles filantes à minuit pour plonger dans l'ombre profonde.
Je suis comme le nuage d'été propulsé par l'orage. Ayant repoussé la couronne d'or, l'épée flamboyante de la foudre pend au-dessus de la chaîne des éclairs.

Désespéré de joie, je cours sur les chemins poudreux des outragés et me rapproche de Ton ultime accueil.

L'enfant trouve sa mère quand il quitte son giron. Quand je suis séparé de Toi, jeté loin de Ta demeure, je suis libre de voir Ton visage.

VOYAGEUR ÉTERNEL

Tu trouveras, Voyageur éternel, la marque de Tes empreintes tout au long de mon chant.

ADORATION

Les dons que Tu fais aux mortels que nous sommes satisfont tous nos besoins et reviennent vers Toi intacts.

Assidue à l'ouvrage quotidien, la rivière se hâte par les champs et les hameaux pour tracer son chemin ; mais les méandres de son lit viennent partout baigner Tes pieds.

La fleur embaume l'air de son parfum mais son dernier service est de s'offrir à Ta main.

T'adorer ne diminue pas l'univers et ne réduit rien.

Des mots du poète, chacun saisit ce qui lui plaît : mais leur sens ultime est de tendre vers Toi la main.

EN PARFAITE UNITÉ

Ta joie en moi est pleine.

Tu m'as pris pour complice de toute cette richesse et mon cœur est le terrain de jeu sans fin de Ton plaisir. À jamais ma vie donnera forme à Ton désir.

Toi, Maître des maîtres, T'es paré de beauté et Ton amour se perd dans l'amour de l'aimé pour ne plus faire qu'un en parfaite unité.

TES RAYONS DE SOLEIL

Tes rayons de soleil viennent étreindre cette terre qui est mienne de ses bras de lumière. À ma porte tout le jour durant, ils se tiennent pour porter à Tes pieds les nuages de mon cœur de chants mêlés, de regards et de pleurs.

Avec une joyeuse tendresse, Tu embrasses dans Ton giron constellé ce manteau de tristesse couvert de buée. Et tu en fais des formes nouvelles aux tracés innombrables que tu plies à l'envi, jouant de leurs reflets en mille chatoyances.

Ce manteau de nuée si léger, flottant au vent, est tendre et sombre et tout larmoyant : c'est ainsi que Tu l'aimes, ô Toi qui es serein. C'est pourquoi il a droit de couvrir Ta lumière trop blanche des ombres de Ta souffrance.

À TOI

Elle est à toi cette lumière qui déchire le noir comme est tien le bien qui émerge du cœur exercé à la lutte.

Elle est à toi cette maison qui s'ouvre sur le monde comme est tien cet amour qui invite au champ de bataille.

À toi aussi ce don, ce profit acquis quand tout est perdu et cette vie dont le flot se déverse par les cavernes de la tombe.

À toi le ciel répandu dans la poussière et l'ombre.

Et Tu es là pour moi, et pour tous ceux du monde.

TABLE DES POÈMES

Accueille-moi	17
Question posée à Dieu	19
Où donc T'en es-tu allé ?	21
Pourquoi ?	22
Arbres	24
Salutations	25
Face à face	27
Mort	29
Tiens ma main	30
Délivrance	32
Je fais une prière	34
Le plus pauvre d'entre eux	36
L'heure est venue de s'asseoir un moment	38
Le rebelle	40
Le moindre grain de maïs	41
Mon ami	43
Mon étoile polaire	44

Sagesse	45
Ta présence	46
Trésors	47
Rien n'est totalement perdu	49
Mon voyage	50
Ton nom	51
Tu es là ici-bas	52
Au-delà du désespoir	54
Mon chant	56
Salutation	57
Le passant solitaire	58
Sommeil	59
La terre mère	60
La joie en abondance	62
Ouvrier de l'univers	63
Mon dernier chant	64
Saisir Ta main tendue	65
Que mon chant soit simple	66
Mon tout	67
Mon pays	68
Mon dernier mot	69

Ton amour	70
Vie de ma vie	71
Lumière	72
La plénitude de la paix	74
Résistantes sont les entraves	75
Temps perdu	77
L'infinité de Ton amour	78
Je ne veux que Toi	79
Pluie	80
Ombre et lumière	81
Le cours de la vie	82
Coupe à la racine	83
Action de grâces	84
Prends-moi, ô reprends-moi	86
Le temps	88
Les larmes de la terre	90
Quel divin nectar	91
La musique de l'amour	92
Le glas de mes nuits insouciantes	93
Ô monde	94
L'heure de la détente	95

Quand le cœur est dur	96
Chanter	97
Quand Tu me sauves	99
Que mon pays s'éveille	100
Rien d'autre que ton amour	101
Le ciel et le nid	102
Maintenant dans le soir	104
Dons	106
Tu m'a fait infini	107
Des amis que je ne connaissais pas	108
Tu Te caches	110
Enfin libéré	111
Voyageur éternel	113
Adoration	114
En parfaite unité	115
Tes rayons de soleil	116
À Toi	117

LES PETITS LIVRES DE LA SAGESSE

MÉDITATION, par Sogyal Rinpoché.
SAGESSE DES INDIENS D'AMÉRIQUE
textes établis et présentés par Joseph Bruchac.
BALADES, par Henry David Thoreau.
PENSÉES, par Swâmi Râmdâs, préface de Jean Herbert.
UN ANGE AUPRÈS DE MOI, par Tobias Palmer.
YI-KING, version de Thomas Cleary.
ZEN ET VÉDANTA, par Arnaud Desjardins.
FEMMES MYSTIQUES, Époque médiévale,
anthologie établie par Thierry Gosset.
LA CHAISE VIDE, par Rabbi Nachman de Breslau.
LE PETIT LIVRE DES JOURS, par Laurence E. Fritsch.
LA TENDRESSE, par Mario Mercier.
PERLES DE LUMIÈRE, par Mâ Anandamayi.
FEMMES MYSTIQUES, Époque moderne (XVIe-XVIIIe s.), anthologie établie par Thierry Gosset.
LA CONSOLATION, par Dante.
BESTIAIRE DES INDIENS D'AMÉRIQUE,
par Gerald Hausman.
RITUELS CATHARES, par Michel Gardère.
CHANTS D'AMOUR DE L'ÉGYPTE ANCIENNE.
PETIT TRAITÉ DE L'ÉMOTION, par Denise Desjardins.

LES TROIS SPIRALES, par Jean Markale.
SUR LE CHEMIN DE LA GUÉRISON, par Deepak Chopra.
CHEMIN DE VIE, par Graf Karlfried Dürckeim.
L'ART DU JARDIN ZEN, par Veronica Ray.
QUESTIONS À SA SAINTETÉ LE DALAÏ-LAMA.
LE SECRET, par Jacqueline Kelen.
LE CHEMIN DU TAO, par Gérard Edde.
LE CHANT DE RÛMÎ, par Eva de Vitray-Meyerovitch.
PETIT TRAITÉ DU THÉ, par Gilles Brochard.
L'HISTOIRE DE NOËL,
par Earl W. Count & Alice Lawson Count.
MANUEL DES PLANTES DE SANTÉ, par Gérard Edde.
AU CŒUR DU MONDE, par Mère Teresa.
PAROLES DE FÉES, par Claire Nahmad.
SAGESSE AFRICAINE, par Mariama Hima.
PAROLES DE LAL DED, par Maïna Kataki.
DE L'AUBE AU CRÉPUSCULE, par Rabindranath Tagore.
L'INVITATION AUX ÉTOILES, par Laurence Fritsch-Griffon.
FENG SHUI, HARMONIE DES LIEUX, par Gérard Edde.

Achevé d'imprimer par
la Sagim (à Courtry)
en août 1998

Mise en pages :
Réjane Crouzet/**OPERE CITATO**

N° d'édition : 3008.
Dépôt légal : septembre 1998.

Imprimé en France.